有元葉子

イタリア日和

私のイタリアン
四季が育む日々の味

女子栄養大学出版部

イタリアの田舎暮らしで知った、
楽しむ余裕と自然の恵みのすばらしさ。
今、日本の四季、自然の中で、
私らしく育んでいます。

イタリアに家を持って9年になります。決して便利とはいえないイタリアの田舎暮らし。
しかし、そこにはウンブリアの豊かな大地で、自然に寄り添って暮らす人々と、
新鮮で力強い食材を生かした料理、素朴な日常の中に見いだされる高い美意識が根づいた生活があります。
私には、そんな暮らしがとても心地よい。
イタリアでの日々は、都会では体験できない暮らしの中にこそ、
人間らしい営みがあることに気づかせてくれました。
私は、イタリアから“楽しむ余裕”を教わったのだと思います。

こうした経験は、日本でのわたしの生活も豊かにしてくれています。
都会での忙しい生活から抜け出し、美しい自然の中に身を置いていると、
自分が自然の一部としての小さな存在だと感じます。
もちろん、自然や野生の怖さ、厳しさと向き合わなければならないこともあります。
しかし、厳しさを含めて自然の美しさを楽しむことが生活の幅を広げ、
感性を磨き、フレキシブルな生き方につながるのだと思っています。
日本のよさを生かしつつ、自然を忘れず、昔のありようを忘れず、今ようの楽しみも知っている……。
暮らしの楽しみ方が多様にあれば、そのときどきに合わせて、自分らしい選択ができるのです。
イタリアに暮らしたからこそ生まれ、日本の四季と自然が育んだ私のイタリア料理とともに、
暮らしを楽しむ術の一端を四季の彩りとともにお届けいたします。
皆さまの食卓や暮らしに少しでもお役に立ちますことを願っております。

有元葉子

目次

Autunno 086

Inverno 114

この本の使い方

- 材料表中の重量はすべて正味重量です。
- 本書で使用している標準計量カップ・スプーンは、
1カップ＝200mℓ、大さじ１＝15mℓ、小さじ＝５mℓです。

なくてはならない調味料

「旬の素材の持ち味を生かし、調理法はシンプルに。その分、調味料はできるだけ上質なものを使う」が私の料理のモットーです。イタリア料理でも、それは変わりません。私のイタリア料理でどうしても欠かせない調味料は、オリーブオイル、塩、酢です。料理の仕上がりを左右するほど、調味料の味はストレートに響きますから、できるだけ上質なものを選んでいただきたいのです。オリーブオイルやワインビネガー、バルサミコ酢を、私は和食にもどんどん使います。上質な調味料は確かに少々値が張りますが、いろいろな料理に使えて確実に料理の腕を上げてくれる強い味方なのです。

オリーブオイル

イタリア料理はもとより、わが家では和食にもオリーブオイルを使います。きんぴらやひじきをいためるときや天ぷらにも。

理由は？　おいしくなるからです。

生の果実を搾ってとる油はオリーブオイルだけです。

一般的に油は種を加熱し、すりつぶして油をとりますが、オリーブオイルは生のフルーツから非加熱でとるので、ジュースともいえるもの。油とはいえ、ほかの油とは一線を画します。というよりまったく別物と考えてもよいでしょう。

オリーブオイルはオレイン酸という抗酸化物質を多量に含み、身体の老化を抑えることからアンチエイジングオイルとも呼ばれます。

健康を伴って若々しく生きたい人には、天からの贈り物ともいえるすばらしい食品です。

オリーブオイルならなんでもよいかというとそうではありません。エキストラバージンに限ります。

質のよいオリーブオイルはとても味がよく、油としての役目だけでなくこれ自体が調味料ともいえます。

オリーブオイルのよしあしは、シンプルなブルスケッタを作ってみれば、たちどころにわかるはず。

厚めに切ったプレーンなパンをあぶり、熱々にオリーブオイルを下からしみ出すほどたっぷりとかけます。これにゲランドの塩をパラリとふってほうばると、それはもう、おいしい。

よいオイルであれば、このシンプルなブルスケッタこそオリーブオイルの本領を発揮する料理。かけ値なしにおいしいのです。ぜひ、お試しを。

ちなみにわが家では、マルフーガ社のエキストラバージンオリーブオイルで決まりです。

スパイシーでうま味が濃くて身体にいい。
上質のオリーブオイルは、
すばらしい調味料だと思います。

愛用しているオリーブオイル。エキストラバージンの上澄みだけを集めたマルフーガ社のもの(右)、フレスコバルディ社のラウデミオ(左)。
マルフーガ社オリーブオイルの問い合わせ先／
http://www.arimotoyoko.com/oggetti

「オリーブオイルはしょうゆとの相性が、とてもいいんです。
わが家では、お刺し身のわさびじょうゆにも
オリーブオイルを添えていただきます」

塩

私は、そのときどきで塩の使い分けをします。

たとえばパスタをゆでるときは、塩もたくさん使いますので塩分量の多い粒の細かい日本の塩か、粗塩を入れます。

ゆで汁に塩を多めに入れて味をつけ、ソースのほうは甘めに仕上げるのがうち風。これはおいしいパスタ作りのコツでもあります。

ソースが塩辛くては、ソースのうま味を感じることができませんので極力ソースの塩味は控えめにして、その代わりパスタにほどよく塩味をつけるのです。

こうすると味もしまるし、ソースのうま味を充分に味わえるというもの。

ことに野菜のソース、魚介のソースはこの味のつけ方がたいせつです。きちんとマスターすれば、おうちのパスタもワンランクアップ。パスタをおいしくするのも、まずくするのも塩味のつけ方ひとつです。

魚を塩焼きにするとき、塩で魚の身もしめたいし、塩の味も楽しみたい。そこで私は、こんな風に作ります。

しめる用には粒の細かい浸透力のある塩を使い、しばらくおいて水分が出たらしっかりふきとって、焼く前にゲランドの塩の粒を適量のせて焼き上げます。

これにオリーブオイルをかけると、なんとも美味。これは、塩を立たせる日本の焼き魚の手法ですが、こうした和食の塩の使い方を、私はイタリア風のグリル料理のときにも応用します。日本の和食の術は世界一ですから、イタリア料理に使ってもいっこうに差し支えありません。

料理をおいしくするのも、まずくするのも塩の使い方しだい。
イタリア料理にも、和食の塩使いが役立ちます。

「塩は効きすぎても効かなすぎてもだめ。
脳天気な私も、塩味を決めるときは気をひきしめて、
いくらか緊張感を持ってしています」

バルサミコ・ビアンコ(左)、マイユ社の赤ワインビネガー(中央)、アチェート・ディ・ヴィーノ(右)。それぞれの個性を使い分けて。
バルサミコ・ビアンコとアチェート・ディ・ヴィーノの問い合わせ先／http://www.arimotoyoko.com/oggetti

酢

酸っぱいもの大好きな私にとって、酢のない食卓は考えられません。見逃してしまいがちなのですが、酢は酸味をつけるばかりでなく、味に奥行きとふくらみ、こくを持たせるたいせつな役割もあるのです。

レモンなどの酸味と違って、酢には発酵食品としてのうま味があります。

料理に使ってしまってからではわかりにくいので、ワインやオイル同様に飲んでテイスティングすることをおすすめします。

本当においしい酢は、そのまま飲んでもおいしいものですから。

わが家でイタリア料理に使っている酢は少なくとも３種類。

バルサミコ酢の年代別のものを加えると６～７種類にもなりますが、これは私がお酢大好きだから……。

こちらでは、この中から代表的なものだけをご紹介しましょう。

まず、バルサミコ・ビアンコ。ビアンコはイタリア語で白。白いバルサミコ？　どんなお酢だろうと思われるでしょう。これはソーヴィニオンブランという白ぶどうのビネガーをベースに、年代物のバルサミコが入っている、まるで上質な米酢のようなまろやかな味わいのあるお酢です。このままテイスティングしていただくと、どなたも「おいしい！」とおっしゃいます。イタリア料理だけでなく、和食にも合います。おすしに使ってもOK！

アチェート・ディ・ヴィーノはランブルスコというぶどうから作られたお酢で、先のバルサミコ・ビアンコよりは甘味が少なく、少し酸っぱいけれども深いうま味のあるじっくり味わいたくなるお酢。

とにかく、何にかけてもおいしくなるのです。これは傑作ともいうべきワインビネガーで、私が出会った究極のお酢といえるでしょう。作り手がみずから「これはアートだ」というのもうなずける、そんなお酢です。

これら２種ともイタリアのモデナ産。

はっきりしたきつめの酸味がほしい魚の酢漬け、サラダのアクセントや煮込み用には酸味が強めのマイユ社製のものを使用しています。

オイルと合わせてドレッシングにするときは、オイルの$\frac{1}{3}$以下にするとちょうどよいようです。

おいしいお酢は、そのまま飲んでもおいしいの。
テイスティングをして、好みのものを選ぶといいですね。

「お皿の上に、バルサミコとオリーブオイルを滴らせます。
これだけで、とびきりのソースのできあがりです」

はる

Primavera

イタリアでも日本でも、春は山菜の季節です。

山からいただく恵みは、土から萌え出す力強さにあふれています。

ちょっとした苦味は、冬の間に溜まった老廃物を出す役目があるとか。

ほろ苦い山菜は、オリーブオイルと合わせるとおいしく感じます。

春は自然と人間の身体のサイクルの絶妙なからみあいを実感する季節です。

ペロションさんのように、
自然の美しさに敏感でありたいのです。

春を呼ぶ、大好きな桜色の器。この食器は「これだけあれば、どんな料理にも対応できる基本の器」をコンセプトにペロションさんと共同で作ったもの。他の食器とも合わせやすく、とても使い勝手がいいものができました。
有元葉子、クリスチャンヌ・ペロション共同開発の器の問い合わせ先：
http://www.arimotoyoko.com/ oggetti

イタリア・トスカーナの人里離れた山中で、豊かな自然とともに家族と自給自足の暮らしをしながら作陶するクリスチャンヌ。パリのインテリアショップで初めて彼女の器を見たときから、洋食器とは思えないほど薄手で、美しい色合いにもう釘づけ。

気に入った器や作家に出会うと、矢もたてもたまらず窯場にまで出かけてしまう性分です。さっそく、お店のかたに連絡先を教えていただき、いつかお訪ねしようと心に決めました。

最初にお会いしたときから、彼女とは気持ちがぴったり合いました。それは、不思議なほどに。

今では、時折アトリエを訪ねてはいっしょに時を過ごすのが私にとって無上の喜びとなりました。

彼女の作る器のやわらかなフォルムに、彼女の優しさが表れているかのようです。2人で散歩をしながら、生えている草や小さな花の1つ1つを手にとって、自然の色や形のすばらしさに見入る。そんな時間はなにものにもかえがたい幸せなひとときです。

彼女はまた、日本の桜を心から愛してやまない西欧人です。

西欧人は、このはかない花に心酔する日本人の美意識をなかなか理解しがたいようですが、それを理解する数少ない人です。

彼女の桜色の器には、うす緑がかったピンクから、白に近いピンク、紫色を帯びたピンク、八重桜の色まで、さまざまな桜の色が表現されています。

私はこの桜色に魅せられて、野尻湖の家はこの器を使うべく、黒と白以外の何色も使わなかったぐらい。

そんな彼女の器は、漆ともよく合います。ことに赤木明人さんの漆とは抜群の相性のよさです。

赤木さんの折敷にのせたペロションさんの器は、「ここが私の居場所よ」と語りかけてくるかのようです。

お菓子を盛っても、おかずを盛ってもさまにな
ってしまう懐の深さ。美しさと一器多様の実用
性を兼ね備えているところが、彼女の器の魅力
だと思います。
ティーポットとシュガー入れはポルトガルのア
ンティーク。

「赤木さんの漆とペロションさんの白い器は、
お互いを引き立てあうからコーディネートしやすいの。
今日のセッティングは、外国のお客さまにも大好評の
“お箸でイタリアン”がテーマです」

材料：４人分
ヤリイカ　小３～４はい
新玉ねぎ　½個
レモン汁　１個分
オリーブオイル　大さじ３～４
塩・こしょう　各適量

ヤリイカと新玉ねぎのカルパッチョ

南イタリアでは小イカを開いて作ります。日本では、ぜひヤリイカを使ってください。

1　ヤリイカは内臓ごと足をひき抜き、皮をむく。縦半分に切って一口大の薄いそぎ切りにする。
2　玉ねぎは薄切りにする。
3　皿にオリーブオイル少量を塗り、イカを並べ、玉ねぎを全体に散らす。
4　塩、こしょう、レモン汁をふりかけ、オリーブオイルをまわしかける。

新じゃがとタコのケイパー風味

イタリアでは出逢いものといわれるタコとじゃが芋。
じゃが芋と好相性のケイパーで味を引きしめます。

材料：４人分
新じゃが芋　小６～７個
タコの足(刺し身用)　１本
にんにく　１かけ
オリーブオイル　大さじ３～４
ケイパー　大さじ１
塩・こしょう　各少量
イタリアンパセリ　２～３本

1 新じゃがは皮ごと蒸すかゆでて火を通す。熱いうちに皮をむいてボウルに入れ、へらなどで半分に割り、塩、こしょう、オリーブオイル大さじ１をまぶす。
2 タコは一口大に切り、イタリアンパセリはみじん切りにする。にんにくは半分に切って芯をとり除き、包丁の腹で押しつぶす。
3 1、2、残りのオリーブオイル、ケイパーを混ぜ合わせ、塩、こしょうで味をととのえる。

新キャベツのブルスケッタ

新キャベツの甘さとみずみずしさを存分に楽しめます。
バゲットにかけるオリーブオイルはたっぷりと。

材料：４人分
新キャベツ　４～５枚
にんにく　２かけ
赤とうがらし　２本
オリーブオイル　大さじ２～３
塩・こしょう　各適量
アンチョビ　３～４枚
バゲット　½本
オリーブオイル　大さじ３

1 にんにくは半分に切って芯をとり除く。こんがり焼いたバゲットに切り口をこすりつけ、オリーブオイルをかける。
2 キャベツはざく切りにし、沸騰湯でさっとゆで、湯をきって水けを絞る。
3 フライパンにオリーブオイルと種を除いたとうがらし、にんにくを入れて火にかけ、香りが立ったらキャベツを入れ、塩、こしょうで軽く調味する。
4 1の上に3と粗く刻んだアンチョビをのせる。

菜の花のパスタ

菜の花がしんなりするまで、
じっくり加熱するのがポイント。ほろ苦い春の味です。

材料：2～3人分

菜の花　1束

にんにく　1かけ

オリーブオイル　大さじ3

赤とうがらし(種を除く)　1本

塩・こしょう　各適量

スパゲティ　乾200g

A
- ゆで湯　3ℓ
- 塩　大さじ$2\frac{1}{2}$～3

1 菜の花は冷水につけてピンとさせる。にんにくは半分に切って芯をとり除き、包丁の腹で押しつぶす。

2 フライパンにオリーブオイルとにんにく、とうがらしを入れて中火弱で熱し、香りが立ったらにんにくをとり除く。

3 なべにAを沸かし、スパゲティを入れてゆで始める。続いて同じなべに菜の花をさっとくぐらせてとり出し、2のフライパンに加えてじっくりいため、塩、こしょうで味をととのえる。

4 スパゲティは表示より1分短くゆであげ、湯をきって3に加えてさっと混ぜ合わせる。

フレッシュカルチョーフィのパスタ

イタリア人が大好きな野菜、カルチョーフィ（英名はアーティチョーク）。
新ごぼうと新竹の子を合わせたような歯ざわりと香りです。

材料：3人分

カルチョーフィ（アーティチョーク）
　生のもの4個

レモン　大1個

にんにく　1かけ

オリーブオイル　大さじ3

塩・こしょう　各少量

スパゲティ　乾200g

A ｜ゆで湯　3ℓ
　 ｜塩　大さじ2½〜3

1 ボウルに冷水を入れ、レモン汁、搾ったあとのレモンを加える。

2 カルチョーフィはうす紫色のやわらかいがくが出るまで外側をむき除き、上部のかたい部分を切り落とす。縦半分に切り、中心にわたがあったらスプーンでとり除き、3〜4つに切って1のレモン水につける。

3 なべにAを沸かし、スパゲティを入れてゆで始める。

4 同時にフライパンにオリーブオイル、にんにくを入れて火にかけ、香りが立ったらにんにくをとり出し、水けをきった2を加えていため、軽く塩、こしょうをふる。

5 スパゲティは表示より1分短くゆで、湯をきって4に加えてさっと混ぜ合わせる。

そら豆のピューレ

ほんのり甘くて、豆の香りがやさしいピューレ。
野菜がおいしい南イタリアはプーリアの名物料理です。

材料：4人分

そら豆　さやを除いて2カップ

玉ねぎ　1/4個

野菜のスープストック　2 1/2カップ

塩・こしょう　各適量

オリーブオイル　大さじ2

バゲットの薄切り　適量

1 そら豆は薄皮をむく。玉ねぎは薄切りにする。

2 なべにオリーブオイル、玉ねぎを入れて焦がさないように透き通るまでいため、そら豆を加えて軽くいため、スープストックを注いで15分煮る。

3 そら豆がやわらかくなったら塩、こしょうで調味し、バーミックスかミキサーで撹拌し、なめらかにする。

4 器に盛り、オリーブオイル適量(分量外)をかけ、カリッと焼いたバゲットを添える。

あまどころは、“山菜の王様”とも“幻の山菜”ともいわれる貴重品。食感も味もアスパラガスに似ています。

イタリアではオリーブの木の下草の中に、わらびなどの野草が生えています。野尻湖では、シダのそばでこごみを見つけました。

野山で遊び、自然から食べ物を得る。この喜びは、人が忘れてはいけない感覚だと思います。

私は都会生活も好き。そして自然の中で過ごす時間もかけがえなく好きです。都会だけでの仕事と生活で少々くたびれてきたころ、イタリアで野遊びの楽しさを知りました。

イタリアのわが家の修復を依頼した建築家、じつは彼、食べられる山野草のオーソリティー。そんなこととはつゆ知らず、オフィスに打ち合わせに行ったときのことです。

設計図より先に見せられたのが、膨大な山野草のスケッチ画。細密画とでもいうのでしょうか。すばらしい生き生きとしたタッチで、建築家ならではの表現です。

設計図よろしく立面図、断面図、そして克明な分解図もあり、一日中眺めていても飽きないおもしろさと美しさです。しかもそれらが、すべて食べられる草です。

その後、このスケッチ画は本になり、書店で買うことができるようになりましたが、巻末には料理方法も書かれています。植物図鑑でありながら美術書、料理書でもあるという一冊です。

家の修復の話はそっちのけで、野原へいっしょに行って野草のことを教えてもらう約束をしたのはいうまでもありません。

オリーブの木の下は野草の宝庫です。ルコラ、フェンネル、チコリア、アスパラガスがそこここに生えています。何度も歩いた場所なのに、それまでなにひとつ目に入らず通り過ぎていたのでした。

それ以来、車を運転していても道端の草が気になって、車を止めて摘み草に夢中です。草むらに座ってかぐわしい空気を吸うと、それだけで身体がリラックスしてくるのがわかります。

白い花は二輪草、山菜摘みに欠かせない手袋の脇に根曲がり竹。大きなざるに入っているのは、あざみ。サラダやおひたしにすることが多いけれど、パスタにもいいのよ。あまどころといっしょに入っているのがこしあぶら。ほのかな苦味、香り、オイリーなおいしさは、驚くくらいイタリアンの素材にぴったりです。

こしあぶらの木のてっぺんに出る若芽がこしあぶらの芽。オリーブオイルで揚げてフリットにすると、最高よ。

「そのうち、生えてる草にオリーブオイルをかけて食べるよ、この人は」といわれつつ、ほんとの道草を食っている私です。

野尻湖では日本の山遊びの楽しさがあります。

春の山菜採りに始まり、竹の子、きのこ、木の実と雪が積もるまで楽しみは続きます。

食べるものを野や山からとってくる、まさに原始的な行動ですが、これが人をこんなに元気にしてくれるとは、思いもよらぬことでした。自然の与えてくれる恵みに感謝し、喜ぶところからパワーがもらえるのでしょう。

私たち人間も自然の一部、自然なくしては生存も不可能です。

心から畏敬の念を持って、自然の中で遊ばせてもらいたいと思います。

笹の群生地に入ると、根曲がり竹がたくさん！　普通の竹の子より甘味があって大好きな山菜です。

二輪草のリゾット

二輪草は可憐な白い花を咲かせる山菜。三つ葉を繊細にしたような風味です。
この季節にしか味わえない贅沢なリゾットです。

材料：4人分

二輪草　両手いっぱい

米　1½カップ

オリーブオイル　大さじ2

玉ねぎ　¼個

白ワイン　½カップ

野菜のスープストック　4カップ

塩・こしょう　各適量

パルミジャーノ・レッジャーノ
　すりおろして1カップ弱

1 二輪草は塩適量（分量外）を加えた沸騰湯でさっとゆでて水にとり、水けを絞って2〜3cm長さに切る。玉ねぎはみじん切りにする。

2 なべにオリーブオイルと玉ねぎを入れ、中火で軽くいためる。米を加え、米が透き通るまでいためる。

3 白ワインを加えて強火で水分をとばし、スープの½量を加えて時々混ぜながら煮る。

4 水分がなくなってきたら残りのスープと二輪草を加え、ふたをして15分ほど弱火で煮てアルデンテに仕上げる。

5 火を消してパルミジャーノの⅔量を加えてざっと混ぜる。

6 器に盛り、残りのパルメジャーノをかける。

山菜のプレート 作り方 p.038

こごみのパンチェッタ巻き 作り方 p.038

こしあぶらのフリッタータ 作り方 p.038

こしあぶらのフリッタータ

こしあぶらがこんなにフリッタータに合うなんて、発見！
フリッタータは薄めに焼くと、香ばしさが楽しめます。

材料：４人分
こしあぶら　両手いっぱい
卵　５個
パルミジャーノ・レッジャーノ
　すりおろして⅓カップ
塩・こしょう　各適量
オリーブオイル　大さじ２～３

1　ボウルに卵を割り入れてほぐし、塩、こしょう、パルミジャーノを加える。
2　よく混ぜ合わせてからこしあぶらを加え、さっと混ぜる。
3　直径 20 ㎝で７～８㎝深さのフライパンを熱してオリーブオイルを入れ、2 を流し入れる。
4　170℃に熱したオーブンにフライパンごと入れ、中心がかたまるまで 20～25 分焼く。

山菜のプレート

山菜とオリーブオイルって、とてもよく合うの。
あまどころと二輪草はゆでて、根曲がり竹は皮ごとグリルします。

材料：４人分
あまどころ　10 本
根曲がり竹　10 本
二輪草　両手いっぱい
オリーブオイル・自然塩　各適量

1　根曲がり竹は、食べるとき皮をむきやすいように縦に切り込みを入れる。皮ごと熱した焼き網かグリルでこんがり焦げ目がつくまで焼く。
2　あまどころと二輪草は、塩適量（分量外）を加えた沸騰湯で、好みのかたさにゆで、湯をきる。あまどころはざるにのせてさまし、二輪草は水にとり、水けを絞る。
3　器に 1、2 を盛り合わせ、オリーブオイルをまわしかけ、塩を添える。

こごみのパンチェッタ巻き

パンチェッタの塩けとほろ苦いこごみが絶妙のコンビネーションです。
バルサミコのこくと甘味が味に深みを生みます。

材料：４人分
こごみ　10～15 本
パンチェッタの薄切り　５枚
オリーブオイル　少量
バルサミコ酢　適量

1　こごみは２～３本ずつ、パンチェッタ１枚で巻く。
2　フライパンにオリーブオイルを入れて中火にかけ、1 を入れてパンチェッタがカリッとするまで焼く。
3　器に盛り、バルサミコ酢をかける。

キンメダイとじゃが芋のオーブン焼き

魚のうま味が移ったじゃが芋が絶品。
魚の塩は、下味用と調味用を使い分けると格段においしく仕上がります。

材料：４人分
キンメダイ　半身
粒の細かい塩（下味用）　適量
自然塩（あればゲランドの塩）　適量
こしょう　適量
オリーブオイル　大さじ３
｜じゃが芋　小６〜７個
｜オリーブオイル　大さじ１〜２
イタリアンパセリ　３〜４本

1　キンメダイに下味用の粒の細かい塩を軽くふり、冷蔵庫に30分ほどおく。汁けをふきとり、皮目に切り込みを入れ、全体に粗塩の塩の粒を散らしのせる。
2　じゃが芋は軽く下ゆでをして皮をむき、１cm厚さの輪切りにする。
3　耐熱容器にオリーブオイル適量（分量外）を塗り、2を並べ入れて軽く塩、こしょうをふり、オリーブオイルをかけ、200℃のオーブンで25分ほど焼く。
4　じゃが芋に串が刺さるようになったら1をのせ、オリーブオイルをかけて220℃のオーブンで15〜20分、こんがりと焼く。
5　ちぎったイタリアンパセリを散らす。

ラムのソテー ミント添え 作り方 p.045

カジキマグロのシチリア風

作り方 p.045

ラムのソテー ミント添え

ラム料理に欠かせないのがミント。
ラムとミントはいっしょに召し上がってください。
とってもさわやかでしょう？

材料：4人分
ラムチョップ　8本
塩・こしょう　各適量
にんにく　8かけ
ローズマリー　5～6本
オリーブオイル　大さじ3～4
ミント　両手にいっぱい

1 にんにくは縦半分に切って芯をとり除き、包丁の腹でつぶす。ローズマリーは1本を3～4つにちぎる。
2 ラムチョップに塩、こしょうをし、にんにくとローズマリーをはりつけるようにしてなじませ、オリーブオイルをかける。
3 フライパンをよく熱し、にんにくと2を入れてこんがりと焼く。ラムチョップを裏返し、肉の上に焼けたにんにくをのせて反対側もこんがりと焼く。
4 器に焼きたての3を盛り、ミントをたっぷり添え、いっしょにいただく。

カジキマグロのシチリア風

ソース代わりのたっぷりの新玉ねぎとケイパーが、
魚料理によく合います。
料理好きの友人の家で食べて
おいしかった組み合わせです。

材料：2人分
カジキマグロ
　2～2.5㎝厚さのもの　2切れ
塩・こしょう　各少量
にんにく　2かけ
ドライタイム　小さじ1
オリーブオイル　大さじ3
新玉ねぎ　1個
ケイパー　大さじ1～2
ケイパーベリー（あれば）　2～3個
マスタード　適量
レモン（くし形切り）　½個分
｜ルッコラ・トマト　各適量
｜オリーブオイル・塩　各適量

1 にんにくは、縦半分に切って芯をとり除く。
2 カジキマグロに塩、こしょうをふり、にんにくをこすりつける。タイムをふって軽くたたいてなじませ、オリーブオイルをかける。
3 新玉ねぎは、みじん切りにする。
4 フライパンをよく熱し、にんにく、2を入れて両面をこんがり焼いて火を通し、器に盛る。
5 上に3をたっぷりのせ、ケイパーとケイパーベリー、マスタードをのせ、レモンを添える。
6 くし形切りにしたトマトと食べやすくちぎったルッコラを合わせ、オリーブオイルと塩を加えて混ぜ合わせ、5に盛り添える。

ネーブルのサラダ

シチリアの名物、オレンジサラダを私流にアレンジ。国産ネーブルがおいしく、ハッとするとり合わせです。

材料：4人分

国産ネーブル　4個

あさつき　3～4本

赤とうがらし　1～2本

オリーブオイル　大さじ3

塩　少量

1　オレンジはボウルを下に当てて果汁を受けられるようにし、包丁で実が表面に出るまで外皮をぐるっとむき、一口大に切ってボウルに入れる。皮についた実からも果汁を搾ってボウルに加える。

2　あさつきは2㎝長さに切り、とうがらしは種を除いて刻む。

3　1に2、オリーブオイル、塩を加えて混ぜる。

材料：4人分

グリーンアスパラガス　12本

A
- イタリアンパセリ　3〜4本
- セージの葉　2〜3枚
- オリーブオイル　大さじ4
- ワインビネガー　大さじ$\frac{1}{2}$
- 塩・こしょう　各少量

1 アスパラガスは下のかたい部分の皮を薄くむき、沸騰湯でゆでる。

2 Aのすべての材料をミキサーに入れ、なめらかになるまで撹拌する。

3 湯をきったゆでたての1を器に盛り、2をかける。

アスパラガスのグリーンソースかけ

香り高いハーブソースをたっぷりとかけて。ソースは作りおきせず、食べるたびに作ると美味。

材料：４人分

いちご　２パック

レモン汁　大１個分

グラニュー糖　大さじ５～６

バルサミコ酢　大さじ３～４

いちごのバルサミコマリネ

いちごは中まで赤く熟したもので作ると、断然おいしい。マリネ液はヨーグルトにかけても。

1　いちごは水にレモン汁少量（分量外）を加えたレモン水で洗い、水けをきってへたをとり除く。

2　ボウルに1、レモン汁、グラニュー糖を加えてよく混ぜる。グラニュー糖が溶けて全体がつやつやしてきたら、バルサミコ酢を加えて混ぜる。

オリーブのおつまみは、ワインがすすむ。
パーティーでお出しすると、とても喜ばれます。

ブラックオリーブとオレンジのマリネ

材料：作りやすい分量
ブラックオリーブの塩漬け
　１カップ
オレンジの実
　（あれば国産ネーブル）　½個
オレンジの皮　½個分
フェンネルシード　小さじ１
オリーブオイル　大さじ２

1　オレンジは実は一口大に切り、皮は細切りにする。
2　すべての材料を混ぜ合わせ、冷蔵庫で冷やして味をなじませる。
※２～３日保存できますが、オレンジの実は早めに食べきりましょう。

オリーブの塩漬けは、日本でもすっかりおなじみになりましたが、そのまま食べることが多いのでは？
イタリアで、地元の人たちがよく作るマリネをご紹介しましょう。グリーンオリーブのほうは南イタリアの食べ方。ワインビネガー、にんにく、赤とうがらしを使った、酸っぱくて辛くて、パンチの効いた味です。
ブラックオリーブのマリネは、ウンブリアの特産品であるオレンジとフェンネルを使った伝統の味。
どちらも混ぜるだけでできてしまうのに、味は保証つきです。
ついつい、ワインがすすんでしまうことが困りものですが。

オリーブの塩漬けは、日本で手に入れるならフランスのバレル社のものがおすすめです。

グリーンオリーブの酸っぱくて辛いマリネ

材料：作りやすい分量
グリーンオリーブの塩漬け　1カップ
にんにく　1～2かけ
赤とうがらし　3本
ロリエ　3枚
ドライオレガノ　少量
白ワインビネガー　½カップ
オリーブオイル　大さじ3

1 にんにくは半分に切って芯をとり除き、包丁の腹で押しつぶす。ロリエ、とうがらしはちぎる。
2 すべての材料を混ぜ合わせ、2～3時間おいて味をなじませる。

Estate

日本では、夏ならではの料理が家庭でも料亭でも当たり前のようにあります。
ですが、イタリアにはそれほど夏の料理といえるものはありません。
季節性に富んだ料理は日本が世界一です。
そのせいでしょう。日本でイタリア料理を作るとき、
夏には夏らしいと感じるイタリア版夏料理が食べたくなるのです。

材料：3～4人分
セモリナ粉　100g
強力粉　50g
水　170～180㎖

セモリナ粉に強力粉を混ぜると、つるんとした食感に、セモリナ粉100%だと、よりしこしこに。両方とも作り方は同じですから、食べ比べてみるのも楽しいのでは？

生地を作る

1 台に強力粉とセモリナ粉をあける。

2 手で粉をよく混ぜ合わせる。

3 粉を山形に寄せ、中央に大きなくぼみを作ってリング状にする。

4 くぼみの中に水を注ぎ入れる。

5 リングの内側の粉を指で少しずつくずしながら、水が流れ出なくなるまで粉と水を混ぜていく。

6 両手でリングの外側の粉をくぼみにかぶせるように寄せ集める。

7 全体がなじむように、手を使って混ぜ合わせる。

8 台についた生地もスケッパーを使って底からすくって混ぜる。

遊んでるみたいでしょう？
プーリアで習った粉と水だけで作る手打ちパスタです。

南イタリアは硬質小麦の産地。中でもプーリア州は、セモリナ粉（硬質小麦粉）と水だけで作る手打ちパスタが有名です。
セモリナ粉そのものが風味豊かなので、水だけでおいしいパスタが作れるのです。

9 両手で手前から向こう側へと生地を押すように練る。

10 生地がパサつくようなら水少量（分量外）を加える。にぎって手にくっつかなくなるまで練って1つにまとめる。

11 スケッパーで、扱いやすい大きさに切り分ける。生地がかたいので、片手で扱えるくらいの量が作業しやすい。

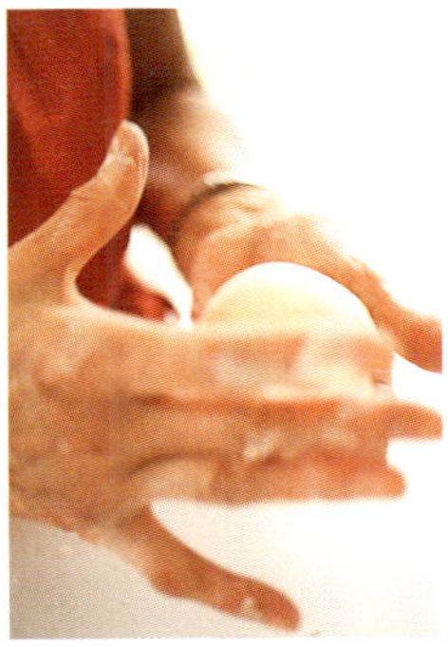

12 ひとかたまりずつ生地を巻き込みながら、表面がつるんとなるように丸める。ラップをかぶせ、常温で20分休ませる。

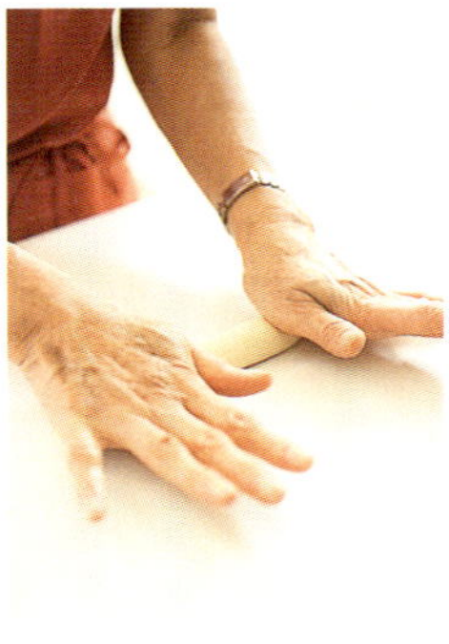

13 生地を1個ずつ前後に転がしながら、直径1cmほどのひも状にのばす。すべるので手に水をつけて行なうと作業しやすい。

14 ナイフで1.5cm長さに切り分ける。

ソースがからむように、筋目やくぼみをつけるのが唯一のポイント。フォークやナイフ、ざるなどのキッチン道具と指で、いろいろな形がかんたんに作れます。

成形する

指で

1つの生地に、人指し指と中指を押し当て、力を入れたまま手前に引いて半回転させ、跳ね上げるようにして指を離す。

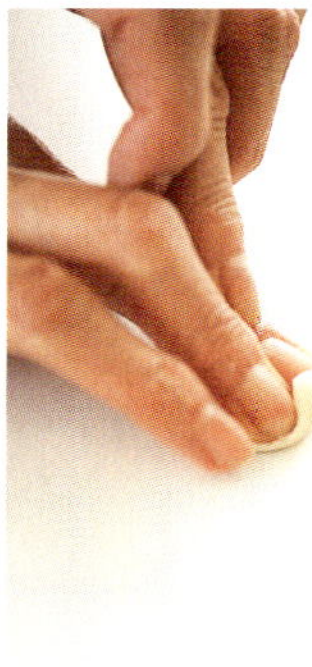

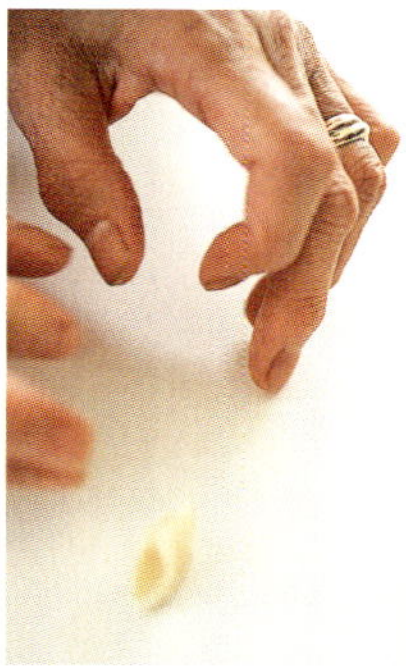

チーズおろし、フォーク、角ざるで

チーズおろしの上に生地を1つのせ、親指で一気に手前に押しながら滑らせる。フォークは背のほうを使い、角ざるはふせて、チーズおろしと同様にする。

ナイフで

1 1つの生地にナイフの先を前方に向け、ナイフを寝かせるようにして生地に当てる。
2 刃先にやや力を入れて、生地がくるっと丸まるように手前に引く。
3 丸くなった生地の裏側を指で押して帽子のような形にする。

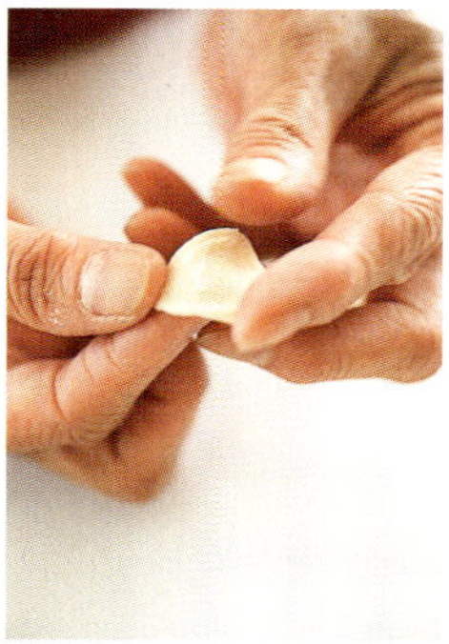

「イタリアでは、休日のパスタ作りは家族総出。
うちでは、大人も子どもも自分で食べる分は
自分で成形するのがルール。
たくさん食べたい人はがんばらなくてはね（笑）」

パスタ同士がく
るまで、表面を
きですぐにゆで

がおすすめ。バ
せたのち、フリ
などに入れて冷
たままゆでて

フレッシュな野菜とオリーブオイルをたっぷり使うのが南イタリアのパスタです。
手打ちのおいしさがダイレクトに楽しめる南イタリア風のソースで仕上げます。

仕上げ

クルダイオーロ

完熟の甘いプチトマトを使うのがポイントです。

材料：3～4人分
手打ちパスタ(54ページ参照)
　3～4人分
A
- ゆで湯　3ℓ
- 塩　大さじ3

B
- プチトマト　20～25個
- おろしにんにく　1かけ分
- オリーブオイル　大さじ4～5
- 塩・こしょう　各適量

バジルの葉　3～4本分
オリーブオイル　適量

1 なべにAを沸かし、パスタを一気に入れ、すぐにかき混ぜ、強火でゆでる。パスタが浮かんできたら2～3分ゆで、1つ食べてみてかたさを確かめる。かたすぎればもう少しゆでてちょうどよいアルデンテにゆであげる。
2 ゆでている間にソースを作る。プチトマトは半分に切り、ボウルにBのすべての材料を入れ、スプーンかフォークでプチトマトを軽く押しつぶしてジュースを出す。
3 パスタがゆで上がったら、湯をきり、2に加えてよくあえ、細切りにしたバジルを加えて混ぜる。
4 器に盛り、オリーブオイルをかける。

ゆで上がりは、必ず1つ食べてみてかたさを確かめて。

湯をきったら、仕上げまでスピーディーに。

熱々のパスタに手早くソースをからめます。

バジルは切り口が変色しやすいので、使う直前に切って加えます。

注文数　　冊

書名　有元葉子　イタリア日和

発行所　女子栄養大学出版部

著者　有元葉子　著

定価1785円(税5%)
(本体1700円)

ISBN4-7895-4819-8 C2077 ¥1700E

SBN4-7895-4819-8 C2077 ¥1700E
(本体一七〇〇円)
女子栄養大学出版部発行

マグロのカナッペ

ミントとライムの香りがマグロとよく合ってフレッシュな味わい。カリッとしたバゲットも欠かせません。

材料：4人分

A
- マグロの赤身(刺し身用)　150g
- おろしにんにく　$\frac{1}{2}$かけ分
- あさつき　5〜6本
- ミント　5〜6枚
- ライム　$\frac{1}{2}$個
- オリーブオイル　大さじ2〜3
- 塩・こしょう　各適量

バゲットの薄切り　適量

オリーブオイル　適量

飾り用ミント(あれば)　適量

1 マグロは3〜4㎜角に切り、あさつきは小口切り、ミントはみじん切りにする。ライムは皮少量をみじん切りにし、果汁を搾る。

2 ボウルにAの材料をすべて入れて混ぜ合わせ、器に盛る。

3 カリッと焼いたバゲットにオリーブオイルをかけ、2に添える。バゲットに2をのせていただく。

白いんげん豆とからすみのオリーブオイルかけ 作り方 p.065

レンズ豆のオリーブオイルかけ 作り方 p.065

コッコビアンコは、イタリアの白いんげん豆。日本の白いんげん豆を丸くしたような形ですが、粉質や風味は若干異なります。

レンズ豆は普通、くすんだ緑色ですが、色鮮やかなものが手に入ったので撮影で使いました。ゆで上がりは普通のものと同じ色になります。

日本の豆は、世界一おいしい。

イタリアは豆の宝庫。昔から豆をたいせつにして、さまざまな食べ方を工夫してきました。イタリアの人たちが日常的に食べている豆料理は、豆本来のおいしさが堪能できるものばかりです。でも、豆そのものの味でいったら、日本の豆が世界一おいしい。甘く煮るばかりでなく、イタリア式のシンプルで豆そのものを味わえる料理をもっととり入れていただきたいですね。

白いんげん豆とからすみのオリーブオイルかけ

「豆をこんなにシンプルにおいしくいただけるなんて！」
とイタリアで感激した料理です。
上質のオリーブオイルが味の決め手です。

材料：4人分
ゆでた白いんげん豆　2カップ
からすみ　50g
塩・こしょう　各適量
オリーブオイル　大さじ3～4
レモン汁　大さじ1

1　豆1袋はたっぷりの水に一晩つけてもどし、つけ汁ごと火にかけてゆでこぼす。新しくかぶるくらいの水を注いで火にかけ、やわらかくなるまで静かにゆでる。
2　ゆで汁をきった豆2カップを器に盛り、塩、こしょう、レモン汁、オリーブオイルをかけ、ごく薄く切ったからすみをのせる。
※豆はまとめて1袋ゆでておき、ゆで汁ごとフリーザーバッグに1回分ずつ入れて冷凍しておくと便利です。

レンズ豆のオリーブオイルかけ

アンティパストの一皿としてもよいのですが、
魚料理のつけ合わせにするのもおすすめです。

材料：4人分
ゆでたレンズ豆　2カップ
セージの葉　2～3枚
オリーブオイル　大さじ3
塩・こしょう　各適量

1　なべにレンズ豆1袋とセージを入れ、かぶるくらいの水を注いで火にかけ、静かに20分ほどゆでる。
2　ゆで汁をきったレンズ豆2カップを皿に盛り、オリーブオイルと塩、こしょうをかける。

旬の野菜ほど、自然の理にかなった食材はありません。身体と心に活力をくれる、私の元気の素です。

四季がはっきりしている日本で、旬を感じるのはなんといっても野菜。旬のものは力強く、文句なしにおいしい。
そしてなにより、それを食べるのは自然の理にかなっているのです。
夏の旬の野菜、トマトやきゅうり、ゴーヤーには身体を冷やす作用があり、春にはほろ苦い山菜や野菜が出ます。
これらは冬の間に溜まった毒素を出す作用があります。
山の熊たちは、冬眠から目覚め、春になるとフキをたくさん食べるのだそうですが、本能の導くままに解毒の草を食べているのですね。
本能力の弱くなった人間でも旬はわかるのですから、極力旬の野菜を食べると自然の生きる力が出てくるのではないでしょうか。
いちばんおいしくて、もちろん安くて、身体にいい。
それが旬の野菜です。
ゆめゆめ、冬にきゅうりやなすは食べないようにしましょう。また、旬、旬といっても水耕栽培の野菜は極力避けたいもの。
味も香りもない形だけの野菜ですから。
本当に大地の土から生えた野菜は、味も香りも違う。
身体も心も作るたいせつな野菜。泥を落としたり、洗ったりの手間はかかりますが、多少めんどうでもやる価値はあります。
力強い野菜は、私たちにみずみずしい活力をくれます。

夏の焼き野菜

旬の野菜の力強さをストレートに味わえます。
野菜は好みのものを数種類とり合わせても、
かまいません。

材料：作りやすい分量

かぼちゃ・ゴーヤー・ピーマン・
黄ピーマン・なす・玉ねぎ・
ししとうがらし　各適量

| オリーブオイル・塩・
| ワインビネガー　各適量

1 かぼちゃは種とわたをとり除き、1cm厚さの薄切りにする。ゴーヤーは縦半分に切って種とわたを除き、3cm長さに切る。ピーマン、黄ピーマン、なすは6～8つ割り、玉ねぎはくし形切りにし、ししとうは包丁で切り目を入れる。

2 焼き網を熱し、1の野菜をこんがりと焼く。230℃に熱したオーブンで焼いてもよい。

3 ボウルにとり、オリーブオイル、塩、酢を加えてあえる。

夏野菜のフリット

サクッとした衣は、風味豊か。イーストを使っていますので、
ふんわりと仕上がります。ぜひお試しを。

材料：4人分

ピーマン　2個

なす・玉ねぎ　各1個

かぼちゃ　1/6個

ゴーヤー　1/2本

A
| 小麦粉　1カップ
| ドライイースト　小さじ1
| 牛乳・水　各1カップ

塩・とうがらし・フェンネル　各適量

オリーブオイル

1 ピーマン、なすは6～8つ割り、玉ねぎはくし形切りにする。かぼちゃは種とわたをとり除き、1cm厚さの薄切りにする。ゴーヤーは1cm厚さの輪切りにし、スプーンなどでわたと種をとり除く。

2 ボウルにAの材料をすべて混ぜ合わせ、常温に30分おく。

3 なべにオリーブオイルを2～3cm深さまで入れ、160～170℃に熱する。1の野菜に2をたっぷりつけてなべに入れ、パリッと揚げる。

4 塩をふっていただく。とうがらしやフェンネルをふってもおいしい。

ポテトと紫玉ねぎのサラダ

**アジのマスタードソースのつけ合わせにするので、
ビネガーは控えめに。**

材料：4人分
じゃが芋　3個
紫玉ねぎ　½個
A
オリーブオイル　大さじ3
ワインビネガー　大さじ½
塩・こしょう　各適量

1 じゃが芋は皮ごとゆで、皮をむいてへらなどでざっくりと割り、熱いうちにAを加えて混ぜる。
2 紫玉ねぎは薄切りにして水洗いし、水けをよくきって1に加えて混ぜる。

アジのマスタードソース

**マスタードソースはケイパーとレモンのキリッとした酸味が刺激的。
つけ合わせには、ゆでたポテトや豆がよく合います。**

材料：4人分
アジ　4尾
A
オリーブオイル　大さじ4
粒マスタード　大さじ1½
ケイパー　大さじ1
レモン汁　大さじ2～3
塩・こしょう　各適量

1 アジはぜいごをとり除いて三枚におろす。一口大のそぎ切りにして皿に並べる。
2 Aの材料をすべて混ぜ合わせ、1にたっぷりかける。
3 ポテトと紫玉ねぎのサラダ、レンズ豆のオリーブオイルかけ(62ページ)とともにいただく。

MIRUM
VERDICCHIO DI MATELICA
RISERVA
2002
La Monacesca

材料：4～5人分

牛肉（肩バラ肉） 1kg
塩・こしょう 各適量
オリーブオイル 大さじ5

A
- 玉ねぎ 大1個
- セロリ・にんじん 各1本
- にんにく 4かけ

B
- 赤ワイン 2カップ
- スープストック 2カップ
- トマト水煮缶詰め 2缶
- ドライトマト 5個
- 赤とうがらし 4～5本
- カイエンヌペッパー 小さじ2

塩・こしょう 各適量
ゆでたパスタ 適量

1 Aの野菜はすべてみじん切りにする。
2 牛肉は5cm角に切って塩、こしょうをふる。熱したフライパンにオリーブオイルを入れ、牛肉の表面をこんがりと焼き、煮込みなべに移す。
3 フライパンに残った油で1の野菜をよくいため、煮込みなべに加える。あいたフライパンにワインとスープストックを注いでなべ底を洗うようにこそげ、煮込みなべに注ぐ。
4 煮込みなべに残りのBの材料をすべて加えて火にかけ、途中で塩、こしょうで調味し、2時間ほど煮込む。
5 パスタを添えていただく。

牛肉のとうがらし煮込み

赤とうがらしの刺激がたまらない夏の煮込みです。肩バラ肉はうま味があって煮くずれせず、煮込みに最適です。

桃の紅茶

イタリアで階下に住むおばあちゃま姉妹に教えていただいたお茶。
桃は皮ごと使うと香りよくできます。

材料：4～5人分

桃　2～3個

レモン汁　大1個分

グラニュー糖　$\frac{1}{2}$～$\frac{2}{3}$カップ

濃いめに煮出した紅茶
　4～5カップ

1　桃はよく洗い、半分に切って種をとり除き、皮ごと6～8等分のくし形切りにする。

2　ジャグに1、レモン汁、グラニュー糖を入れ、濃いめに煮出した熱い紅茶を注ぎ、さっと混ぜる。あら熱がとれたら冷蔵庫でよく冷やす。

イタリアの布は上質なブランドの服や有名なベッドリネンなどで知られていますが、じつは各地にそれぞれ伝統的な織物やレースがあり、一般家庭の台所や食堂、お風呂場で使われている生活道具としてのリネン（麻の布）がとても美しいのです。
今も伝統的な刺繍学校は、多くのご婦人がたに支持されて盛んです。
ウンブリアでいえば、アッシジのアッシジ織り、オルヴィエートのチュール刺繍、ヴァルトピーナの刺繍サークルも有名で、展示会などの活動にも熱が入っています。
ウンブリアの中心にあるトラジメーノ湖に浮かぶ島や周辺の小さい町にも、レースや刺繍の博物館があり、すばらしい昔の作品を見ることも可能です。
ご婦人がたは、暇さえあればバッグからかぎ針と糸を出して、刺繍やレース編みに余念がありません。その昔、日本でも電車の中などでよく見かけた風景です。日本では携帯のメールを打つ人はいますが、編み物をする人はついぞ見かけなくなりました。
さて、リネンも美しいものがたくさんあります。
テーブルリネンやベッドリネン、バス用リネンなどイタリアの一般的な家庭では、でき合いを買ってくるということはありません。
信頼できる町のリネン屋で好みをはっきりといい、デザインも決めて自分の家用のものをオーダーで作るのが普通。
イニシャルも入れますので、まさにその家だけのものです。
ふきんにイニシャルを入れることも珍しくありません。
オーダーしてから何か月も待たされますが、しっかりした素材のものを丁寧に作ってくれます。
イタリアの人たちは、もちろん家での手入れにも手は抜きません。
洗い上げて最後のプレスまで全部自分の家でするのは普通のこと。
ほつれたり穴があいたりしたら、かがって使います。こういう丁寧な生活は、昔は日本にもありましたし、それがあたりまえだったように思います。
なんでも使い捨てのこの時代、この丁寧な生活の仕様をとり戻したほうがよいのではないかと真剣に考えています。
私は麻でなべつかみを作ってもらいました。自分の手形に合わせてあるので無駄な部分がなく、つかみやすいものです。
麻は熱に強いので焦げにくいし、汚れたらすぐ洗濯をしてしまいます。洗濯の回数を重ねるほど、やわらかくふんわりとしてきて使い心地がよくなります。私の台所には“4年物”もあって、つぎをあてつつ、たいせつに使っています。

イタリアのリネンは誇るべき文化。
根底で支えているのは、日常を美しく、妥協せず、
丁寧に暮らす普通の人々です。

ニュアンスのあるグレーの麻は、イタリアでもなかなか手に入らない色合い。生成りも大好きな色の一つです。
麻のシャリ感が好きなので、アイロンをかけるときは集中して、ピシッと仕上げます。

愛用の麻のミトン。色違いで3色作りました。
麻のなべつかみの問い合わせ先／
http://www.arimotoyoko.com/ oggetti

「イタリアのリネン屋でオーダーした麻のテーブルクロス。
すそが風になびいて、光に透けて……。
そんな様子が、季節を伝えてくれます」

イタリアに行ったら、
その土地のワインを飲むのがいちばんです。
まず間違いなく、おいしくて安いですから。

世界のすみずみにまで、合理性だけが重視されたグローバル化が侵蝕しているのはなんとも心痛むことです。

これは、ワインにもまったく同じことがいえます。

一方、グローバル化が進めば進むほど自然派ワインが見直されているのも事実。グローバル化にのっとったワインには憎悪感すら持ってしまう私も、イタリアにいて冷静にまわりを見てみると昔から家族で自分たち用にワインを造っている人々、細々ながらもイタリアの伝統に従ってきっちりと誇りを持って仕事をしているワインの造り手も見えてきました。

このごろは、こうした人々からワインを買うようにしています。

うれしいことに、東京でも自然派ワインにこだわりを持つレストランが増えているようですし、一般の飲み手の裾野も広がっていると聞き、少し胸をなでおろしているところです。

私の場合、イタリアのレストランではハウスワインか、その土地のワインでおすすめをと注文します。このほうがおいしいし、なにより安くてありがたいです。

ハウスワインは、自家製を昔ながらの水差しにドンと出してくれたり、町営ワイン工場のものであったりと地方色が豊かで、たいていがおいしいです。

地方にあって地方色豊かなレストランは、おいしくて安くなければ地元の人は行きません。地元の人が来るということは、儲け主義ではなくて味がよいという証拠。これは間違いありません。

ですから、そこで出すハウスワインも当然安くておいしい、ということになります。

旅行中、そういったレストランを見つけ出す嗅覚みたいな感覚をもっと磨きたいものだとつくづく思います。

LAGUIOLE
CORNE véritable

Autunno

秋はなんといってもきのこ料理です。

山の名人に案内してもらい、野尻湖の山できのこ狩り！

ワクワクしてでかけたものの、秋の滋味は素人ではなかなか見つけられません。

山のきのこ採り名人には、きのこの方から「ここだよ」と目に飛び込んでくるそう。

見たことも聞いたこともない珍しく、おいしいきのこをたっぷりお料理します。

「慣れない目には、どれがきのこなのやら見分けがつかないの。
無欲になると見えてきますと、きのこ採り名人はおっしゃるのですが……」

山採りきのこのチーズトースト

パンにきのことチーズを山盛りのせたらオーブンへ。山の香りいっぱいの絶品トーストです。

材料：4人分
山採りきのこ
（または好みのきのこ数種類）
両手いっぱい
食パン　4切れ
バター　大さじ4
モッツァレラチーズ・
パルミジャーノ・レッジャーノ
合わせて100g
塩・こしょう　各適量

1　きのこは石づきを切り除いてほぐす。

2　パンにバターを塗り、きのこをこぼれるくらいのせる。一口大に切ったモッツァレラチーズをのせ、パルミジャーノをおろしかけ、塩、こしょうをふる。

3　天板にのせ、200℃に熱したオーブンでチーズがとろけてパンがこんがりするまで10～15分焼く。

山採りきのこと豚肉のハーブソテー　作り方 p.096

山採りきのこのフリッタータ　作り方 p.097

山採りきのこと豚肉のハーブソテー

じっくりソテーした豚肉は、表面がカリッ、中はジューシー。
きのこ、ハーブ、にんにくの香りが食欲をそそります。

材料：4人分
山採りきのこ
（または好みのきのこ数種類）
両手いっぱい
豚バラかたまり肉　250g
にんにく　2〜3かけ
ローズマリー　3〜4本
オリーブオイル　大さじ1〜2
塩・こしょう　各適量

1 きのこは石づきを切り除く。豚肉は1cm厚さに切る。にんにくは半分に切り、ローズマリーは2〜3cm長さにちぎる。
2 フライパンをよく熱してオリーブオイルを入れ、豚肉、にんにく、ローズマリーを加えてさっといため、あとは肉の脂を出しきるようにジリジリと焼く。脂が多すぎるときは少し捨て、足りなければオリーブオイル適量（分量外）を足す。
3 肉に火が通ったらきのこを加え、軽くいためて塩、こしょうで調味する。

「山採りきのこって、シャキシャキ感が魅力の一つね」

山採りきのこのフリッタータ

オーブンで焼き上げると、さめてもふっくらおいしいの。
パルミジャーノはおろしたてをたっぷりと使います。

材料：4人分
山採りきのこ
（または好みのきのこ数種類）
両手いっぱい
卵　4個
パルミジャーノ・レッジャーノ
（またはグラーノパダーノか
ペコリーノチーズ）
すりおろして$\frac{1}{3}$～$\frac{1}{2}$カップ
塩・こしょう　各適量
オリーブオイル　大さじ2
パセリのみじん切り　適量

1　きのこは石づきを切り除く。
2　ボウルに卵を割り入れてよくほぐし、塩、こしょう、パルメジャーノを加えて混ぜる。
3　直径20㎝で7～8㎝深さのフライパンを熱してオリーブオイルを入れ、きのこを入れてさっといため、2を流し入れる。
4　180℃に熱したオーブンにフライパンごと入れ、20～25分焼く。
5　皿に盛り、パセリを散らす。

身近なきのこで、
秋ならではの醍醐味を存分に楽しみましょう。

フレッシュきのこのマリネ２種　作り方 p.102

マッシュルームと牛肉のカルパッチョ　作り方 p.102

しいたけのステーキ 作り方 p.103

しいたけと地鶏のグリル　作り方 p.103

マッシュルームと牛肉のカルパッチョ

生のマッシュルームのみずみずしさと食感を楽しみます。
牛肉のカルパッチョは表面だけ焼くのが私流。

材料：4人分

- 牛ランプかたまり肉　500g
- 塩・こしょう　各少量
- おろしにんにく　1かけ分

オリーブオイル　大さじ2
マッシュルーム（かたくしまったもの）
　8〜10個
レモン汁　大さじ2
オリーブオイル　大さじ3〜4
塩・こしょう　各適量
パルミジャーノ・レッジャーノ　適量
パセリのみじん切り　大さじ1

1 牛肉に塩、こしょうをすり込み、おろしにんにくをこすりつける。
2 フライパンを熱してオリーブオイルを入れ、牛肉を入れて転がしながら表面を焼きかためる。ふたをして10分焼き、とり出してさまし、薄切りにする。
3 マッシュルームは石づきを切り除き、3〜4㎜厚さの薄切りにしてすぐにレモン汁をふる。
4 器に2を並べ、3と薄切りにしたパルミジャーノをのせる。全体に塩、こしょう、オリーブオイルをかけ、パセリを散らす。

フレッシュきのこのマリネ2種

切ってあえるだけのかんたんさ。レモンの酸味がアクセントです。
キリッと冷やした白ワインとどうぞ。

写真左
エリンギのマリネ

材料：4人分
エリンギ　2〜3本
レモン汁　大さじ1½
オリーブオイル　大さじ3
塩・こしょう　各適量

1 エリンギは石づきを除いて細く裂き、レモン汁、オリーブオイルであえ、塩、こしょうで調味する。

写真右
マッシュルームのマリネ

材料：4人分
マッシュルーム（かたくしまったもの）
　7〜8個
レモン汁　大さじ2
オリーブオイル　大さじ3
塩・こしょう　各少量
赤とうがらし　1本
にんにく　1かけ
グリーンオリーブ　4〜5個

1 とうがらしは種を除いて小口切りにする。にんにくは半分に切り、芯をとり除いて包丁の腹で押しつぶす。
2 マッシュルームは石づきを切り除き、4つ割りにする。すぐにレモン汁をふり、すべての材料と混ぜ合わせる。

しいたけのステーキ

**オリーブオイルとにんにくの風味を移したしいたけは、食べ応え充分。
メイン料理にもなります。**

材料：４人分
生しいたけ　小ぶりのもの20個
にんにく　４～５かけ
オリーブオイル　大さじ５
塩・こしょう　各少量
レモンのくし形切り　½個分
塩・あらびきこしょう　各少量

1　しいたけは軸を切り除き、にんにくは半分に切る。
2　フライパンにオリーブオイルとにんにくを入れて熱し、香りが立ったらしいたけを加えて両面を焼く。
3　器に盛り、レモン、塩、こしょうを添える。

しいたけと地鶏のグリル

**網焼きにすると香ばしくて、素材のおいしさがギュッと濃縮されるの。
オリーブオイルとバルサミコでシンプルに仕上げます。**

材料：４人分
地鶏もも肉　２枚
塩・こしょう　各適量
おろしにんにく　２かけ分
生しいたけ　７～８個
オリーブオイル　大さじ４
塩・こしょう　各適量
バルサミコ酢　適量
ルッコラ　適量

1　鶏肉に塩、こしょう、おろしにんにくをすり込む。しいたけは石づきを切り除く。
2　焼き網を熱し、鶏肉としいたけをのせて両面をこんがり焼いて火を通し、手で食べやすく裂く。
3　器にルッコラを敷き、２を盛り、オリーブオイル、塩、こしょう、バルサミコ酢をかける。

しいたけの軸のブルスケッタ

私はしいたけの軸が大好き。
細かく裂くと、シコシコして笠よりも凝縮された味。

材料：２人分
生しいたけの軸　10個分
にんにく　１～２かけ
オリーブオイル　大さじ３
塩・こしょう　各適量
バゲット　１㎝厚さのもの２枚
オリーブオイル　適量

1. しいたけの軸は石づきを切り除き、丁寧に細かく裂く。
2. にんにくはみじん切りにする。
3. フライパンにオリーブオイルと２を入れていため、香りが立ったら１を加えてよくいため、塩とこしょうで調味する。
4. バゲットをカリッと焼き、３をのせ、オリーブオイルをかける。

しいたけペースト

しいたけしか使っていないのに、
コク、ボリュームともに大満足。
パスタとあえたり、パンにのせたり、
あると便利な一品です。

材料：作りやすい分量（約4人分）
生しいたけ　8～10個
にんにく　2かけ
オリーブオイル　大さじ4
塩・こしょう　各少量

1 フードプロセッサーに、にんにくを入れて撹拌し、みじん切りにしてとり出す。続けてしいたけもフードプロセッサーでみじん切りにする。
2 フライパンにオリーブオイル、にんにくを入れていため、にんにくの香りが立ったら、しいたけを加えてよくいためる。塩、こしょうで味をととのえる。

しいたけペーストのブルスケッタ

パンからジワッとしみ出すオリーブオイルと
うま味たっぷりのペーストは、やみつきになる組み合わせです。

材料：2人分
しいたけペースト　2人分
バゲット　1.5㎝厚さのもの2切れ
オリーブオイル　適量

1 バゲットはカリッと焼き、熱いうちに熱いしいたけペーストをのせ、オリーブオイルをかける。

しいたけペーストのパスタ

**しいたけペーストさえあれば、パスタとあえるだけでできてしまいます。
パルミジャーノをたっぷりかけて。**

材料：4人分

しいたけペースト　4人分

スパゲティ　乾320g

A　ゆで湯　3ℓ

　　塩　大さじ$2\frac{1}{2}$～3

パルミジャーノ・レッジャーノ　適量

1　なべにAを沸かしてスパゲティを入れ、表示より1分短くゆで上げる。しいたけペーストと合わせてよく混ぜる。

2　器に盛り、パルミジャーノをすりおろしてかける。

なめことしめじと野菜の蒸し煮　作り方 p.110

フィンフェルリのタリアテッレ　作り方p.110

なめことしめじと野菜の蒸し煮

野菜の水分だけで蒸し煮にします。
野菜の甘味、きのこのうま味がいきわたります。

材料：４人分
なめこ・しめじ　各大１パック
赤ピーマン・黄ピーマン　各１個
プチトマト　20個
赤玉ねぎ　½個
にんにく　１～２かけ
オリーブオイル　大さじ３
塩・こしょう　各少量

1 しめじは石づきを切り除いてほぐす。ピーマン、玉ねぎは細切りにする。プチトマトはへたを除く。にんにくは半分に切って芯をとり除き、包丁の腹で押しつぶす。
2 なべにオリーブオイルとにんにくを入れて熱し、香りが立ったら玉ねぎ、ピーマン、プチトマトを加えていため、軽く塩、こしょうをする。
3 なめことしめじを加えて塩、こしょうで味をととのえ、ふたをして７～８分蒸し煮する。

フィンフェルリのタリアテッレ

“香りマツタケ、味しめじ”——
イタリアで言うなら“香りトリュフ、味フィンフェルリ”。
シンプルなパスタで堪能します。
日本でも入手できます。

材料：３人分
フィンフェルリ　150ｇ
にんにく　２かけ
オリーブオイル　大さじ３
赤とうがらし　１～２本
塩・こしょう　各少量
イタリアンパセリ　２～３本
タリアテッレ（平打ちパスタ）　乾180ｇ
A｜ゆで湯　３ℓ
　｜塩　大さじ２½～３

1 フィンフェルリは枯れ葉などをていねいにとり除いてさっとゆすぎ、ペーパータオルで水けをとる。
2 にんにくは縦半分に切って芯をとり除き、包丁の腹で押しつぶす。とうがらしは種をとり除いてみじん切りにし、イタリアンパセリもみじん切りにする。
3 フライパンにオリーブオイルとにんにくを入れて熱し、香りよくいため、１ととうがらしを加え、ふたをしてじっくりと蒸らしいためし、塩、こしょうで軽く調味する。
4 なべにAを沸かしてタルアテッレを入れ、表示より１分短くゆで上げ、３に加える。イタリアンパセリも加えてよくあえる。

無数についた包丁の跡は、むしろ美しい。
オリーブボードは使い込むほど、味わいが出ます。

私がイタリアの工房に注文するオリーブの製品のすべてに、刻印が入ることになりました。
da yoko は“ヨーコさんの家”の意味。
オリーブの木の製品の問い合わせ先／
http://www.arimotoyoko.com/oggetti

わが家のたいせつな台所道具に、オリーブの木で作られたボード、ボウル、へらなどがあります。
ひとかかえもあるボウルはサラダやパスタをドンと出すとき便利です。見事な大きさもさることながら、目にも美しく、さらにとても混ぜやすい形です。
大きなボウルは、オリーブの大木が多い南イタリア産の木で作られ、木目が美しいボードはウンブリア産です。ボードのほうは樹齢300年の木を、切ったあと30年ねかしたものです。
美しいものを毎日使いたい。使い込むほど味が出てよくなる。
オリーブの木の道具たちは、そんな理想に応えてくれます。
イタリアでも腕のよい職人さんはわずかしか残っておらず、材料にも限りがあるのが現実。そんな中でよい職人さんに出会い、よい素材を入手し、加工してもらうことはたやすいことではありません。
かなりな努力と幸運に導かれない限り不可能です。
特にこのボードは、イタリアではお店に売っているものではなく、私のためだけに作られているので、この東京の私の手元にしかないというもの。
まな板としてキッチンでも使いますし、パンやチーズをのせてテーブルで使うこともあります。包丁の跡もいい味になるので、躊躇せずどんどん使います。汚れたら洗剤で洗っても大丈夫。油分が落ちて白っぽくなればサラダ油を塗り込んでおけばまた、よみがえります。
使い込む楽しさを教えてくれるイタリアの道具です。
このボードを見るたびに300年と30年のねかしの年月を思わずにいられません。300年前のウンブリアはどんなだっただろう、と想像しながら料理するのも悪くありません。

「オリーブオイルをシンプルに味わう料理を作ると、
自然とオリーブの器に盛りたくなります」

薪の火が恋しい冬。

銀世界の山の家で過ごす冬の日は格別です。

薪の火で焼く料理は、シンプルそのもので素材のおいしさをそのまま引き出してくれます。

熱源は原始的なものほどおいしい。

現代的なものほど、味とは無関係に、ただただかんたん、早いの世界……。

時には少し昔にもどって、せめて炭で料理してみてはどうでしょう。

Inverno

薪の火で料理する。

人が火を使うようになったときからある熱源は薪です。

そして現代人は、電磁調理器で料理をします。さて、どちらがおいしいでしょう。

それはもちろん薪で料理したほうがおいしい。

便利かんたんになればなるほどおいしさから遠ざかり、熱源が原始的であればあるほどおいしい。

というわけで、イタリアでも野尻湖の山の家でも薪の火で調理できる暖炉を作ってもらいました。

薪の火といっても燃え盛る炎で調理するわけではありません。ロストルという薪を載せる台でたくさんの木ぎれを燃やすと赤い燃えカス——おき火が下にたまります。これがある程度たまってきたら、この上に足つきの焼き網をのせてその上で魚や肉を焼きます。

充分な量のおき火を得るには、かなりたくさんの薪を燃やす必要があり、調理にかかる１時間前から火の準備が必要です。チンと数秒で調理する電子レンジとは両極端の世界です。

しかし、時間はかかっても、この火で焼いた物の味を知ってしまったら後には戻れません。

本当の遠赤外線です。焼けた香ばしさは、香りも味も最高！　肉類はもちろんのこと、私は野菜やくだものもこれで焼きます。

冬は薪を日がな１日ちろちろと燃やしておけば暖かいし、なにか焼くものがあれば料理らしい料理をする必要もありません。

不便と便利が背中合わせになったこんな生活は、私にとって心やすまる気持ちよい暮らしのたいせつな部分です。

原始的な力が最高の美味を生み、
不便なのにとっても便利。
薪の火っておもしろいでしょ？

「薪を燃やしているとね、気持ちまで暖かくなってくるみたい」

ウンブリア仕込み、“暖炉でグリル”は冬の野尻湖の定番料理です。

野尻湖の家に、どうしても欲しかった薪火の暖炉。
友人たちが集まると、ウンブリアの伝統料理でもある暖炉で焼くグリル料理で“山ごはん”をいただくのが楽しみです。
肉、野菜、くだものなどの材料と塩、オリーブオイルを準備すれば食事の支度は完了。火の番をかって出てくれる人がいたりして、お招きする側もじつは、楽ちん。
ワイン片手に暖炉を囲んで、話もはずみます。

野菜の薪焼き

真っ黒なお焦げをとり除くと、甘〜く焼けた野菜が現れます。
イタリア式焼き野菜です。

材料：4人分
ねぎ　2本
赤・黄ピーマン　各2個
オリーブオイル　適量
塩・こしょう　各適量

1 ねぎは青い部分を切り除き、焼き網にのる長さに切る。ピーマンは3〜4つ割りにする。
2 薪火をおこし、おき火の上に脚つきの焼き網を置き、野菜を並べて表面が焦げるまで焼く。
3 器に盛り、お焦げをとり除きながらオリーブオイル、塩、こしょうをかけていただく。
※ガス火で焼き網か、魚焼きグリルで焼いても充分おいしく作れます。

「暖炉のおき火のそばで、皮が真っ黒になるまで30～40分。
焼きたての玉ねぎにナイフを入れると、ブワッと湯気が出てきます。
黄金色にとろりと焼けた玉ねぎの甘いこと！」

スペアリブとラムチョップの薪焼き

脚つきの焼き網で焼くと、肉を焼くのに最適な強火の遠火になります。
軽くいぶしたような風味が香ばしく、中はジューシーです。

材料：4人分
豚スペアリブ　400g
ラムチョップ　400g
｜タイムなど好みの生ハーブ
｜　両手いっぱい
｜おろしにんにく　4～5かけ分
｜オリーブオイル　大さじ5
｜塩・こしょう　各少量
玉ねぎ　2個
オリーブオイル　適量
塩・こしょう　各適量

1　ハーブは葉をしごきとり、残りのAとよく合わせる。スペアリブとラムチョップにAをこすりつけ、冷蔵庫で半日おいて味をなじませる。
2　薪火をおこし、おき火の上に脚つき焼き網を置き、1を並べて焼く。玉ねぎは皮つきのままおき火の脇に置き、皮が真っ黒に焦げるまで焼く。
3　器に盛り、玉ねぎのお焦げをとり除きながらオリーブオイル、塩、こしょうでいただく。
※肉は、ガス火で焼き網にのせて焼くか、魚焼きグリルで焼いても充分おいしく作れます。
※玉ねぎは250℃のオーブンで30分焼いてもOKです。

ほうれん草のサラダ　作り方 p.126

あんぽ柿の薪焼き　作り方 p.126

材料：4人分
ほうれん草　大1束
A　おろしにんにく　1かけ分
ワインビネガー　大さじ1～1½
オリーブオイル　大さじ4
バルサミコ酢　適量

ほうれん草のサラダ

霜にあたった冬採りのほうれん草は葉がやわらかくて、味が濃いの。
生ならではのおいしさを味わうべく、サラダにしていただきます。

1　ほうれん草はよく洗って葉を摘み、水けをよくきってボウルに盛り、Aを加えてあえる。好みでバルサミコ酢をかけていただく。

材料：4人分
あんぽ柿　2個
マスカルポーネ　適量
砂糖　少量
粉砂糖　適量

あんぽ柿の薪焼き

デザートも薪火で作ります。
あんぽ柿の代わりに、厚めにスライスしたりんごもまたよいものです。

1　薪火をおこし、おき火の上に脚つきの焼き網を置き、柿を並べてあぶる。
2　マスカルポーネに砂糖を加えて混ぜ合わせる。
3　1を食べやすい大きさに切って器に盛り、2を添え、粉砂糖をふる。
※ガス火で焼き網にのせて焼いても充分おいしく作れます。

今日のピクニックランチは、チーズとハム、サラダ菜をはさんだバゲットサンド。イタリアで購入した縁どりの美しいクロスに包みましょう。雪景色にきっと映えるはず。熱いミルクティーはポットにたっぷり持っていきます。

真冬の野尻湖は、日中でも気温はマイナスです。「一晩雪に埋もれていても大丈夫」とイタリアのスポーツショップで妙な太鼓判を押されたジャケットと靴で防寒対策も万全。今日はスタッフの荷物もあるので、数分のところですが、車で出発です。

雪道を歩いて疲れた身体には、いつもより甘くした熱いミルクティーがうれしいの。

野尻湖で、また楽しいことを見つけました。
真冬のピクニック！
ちょっとだけ、冒険気分も味わえます。

野尻湖は豪雪地帯です。長野と新潟の県境にあり、2006年の冬、大雪で孤立した富南町にもそれほどの距離ではありません。
多いときは３ｍの積雪で、東京からたどり着くのも都会生活に慣れた私にはたいへんですが、たいへんといいつつ、雪の多いときに野尻湖の家にいるのが好きです。
晴れた日にはお茶とサンドイッチを持って雪の中の散歩を、というと楽そうですが、スノーシューやかんじきに足をくくりつけてでは、１歩進むのもたいへん。
危険も伴うので、わが家の見えるごく近所を散歩するだけですが、おなかの底まで冷たい、いい空気を吸うと生き返ったよう。
ほっとひと息、雪景色の中で飲む熱いお茶は格別です。

３ｍ近く積もった雪の上を歩くには、雪歩き用のスノーシューが必需品。これかかんじきがないと、埋もれます。

イタリアで知ったバードウオッチングの楽しみ。野尻湖の山にも野鳥はたくさんいます。ふくろうと目が合ったり、「お座布団が飛んでる！」と思ったらムササビだったり、ね（笑）。

野尻湖の冬は一面の雪景色。あるとき、雪にスプマンテを挿しておくと、ちょうどよい冷やし加減になることを発見！　わが家のデッキに積もった雪で、ほどよく冷えるのを待ちましょう。

スプマンテで午後のひと時を過ごすのも
大人ならではの楽しみ方。
自分のための小さな贅沢って、
必要なことだと思うのよ。

スプマンテとはイタリアの発泡性ワインのこと。フランスのシャンパンのイタリア版です。

わが家のパーティーやちょっとした食事会は、たいていスプマンテで始まります。このようにアペリティーヴォ(食前酒)として用いられるのがおおかたですが、スプマンテには別の楽しみ方も……。

ティータイムをお茶やコーヒーとお菓子ではなく、スプマンテで楽しんでみては？　昼下がり、暖かい部屋で冬景色を眺めながらキリッと冷やしたスプマンテで午後のひとときというのも、いい時間の過ごし方です。

そんなとき用意するのは、チーズや小さなパン、生のフルーツや野菜のスティック、ドライフルーツ、ちょっと塩けのある小さなおつまみ。あんぽ柿に塩けのあるチーズもスプマンテにはベストな組み合わせです。

時間も手もかけないですむものが、ちょこっとあればいいのです。

お気に入りのおいしいスプマンテさえあれば。

私の好きな銘柄はベラヴィスタ。味はもちろんボトルのデザインもきれい。白もロゼもあり、ロゼのなんともいえない美しいピンクは、目の楽しみでもあります。

五反田にある田辺年男シェフの店『ヌキテパ』では、すいかのシャンパンでまずお客さまののどを潤すことで知られますが、私も真似をしてフルーツをスプマンテに入れてみました。すいか、いちご、メロンなどもスプマンテによく合って目にも舌にも楽しいアペリティーヴォになります。

桃の季節には、ぜひベリーニを試していただきたい。

香り高く、甘い桃をピュレにしてグラスの底に入れ、冷やしたスプマンテを注ぐだけですが、それは贅沢な気持ちにさせてくれます。

ただし、口あたりがよいので、飲みすぎないように気をつけて。

昼下がりのスプマンテは、意外に酔いが早くまわりますので。

青菜のオリーブオイルあえ

**野菜は水につけ、みずみずしさをとりもどしてからゆでます。
このひと手間で、野菜本来の甘味が引き出されるのです。**

材料：4人分

ブロッコリー　1株

青菜（ほうれん草、小松菜など）　1束

A
- 赤とうがらし　1～2本
- にんにく　1～2かけ
- オリーブオイル　大さじ2～3
- 塩・こしょう　各適量

バゲットの薄切り　適量

オリーブオイル　適量

1. ブロッコリーは小房に切り分け、青菜はざく切りにする。
2. たっぷりの沸騰湯に塩適量（分量外）を加え、1を入れてゆでる。ブロッコリーはざるにあげ、青菜は水にとって水けを絞る。
3. にんにくは縦半分に切って芯をとり除き、包丁の腹で押しつぶす。とうがらしは種をとり除き、ちぎる。
4. ボウルにAのすべての材料を入れ、にんにくを押すようにして香りを出し、2を加えてあえる。
5. 器に4を盛り、こんがりと焼いてオリーブオイルをかけたバゲットを添える。

ホタテと鶏肉のハーブ焼き

フライパンの中でホタテと鶏肉、それぞれのおいしいエキスが合わさって、深みのある味に仕上がります。

材料：4人分

ホタテ貝柱　大4個

鶏もも肉　1枚

にんにく　2かけ

ローズマリー　4～5本

ロリエ　4～5枚

ドライオレガノ　適量

オリーブオイル　大さじ3

レモン汁　大さじ2

塩・こしょう　各適量

1 鶏肉は一口大に切る。にんにくは縦半分に切って芯をとり除く。

2 ホタテと鶏肉に塩、こしょう、ドライオレガノをすり込み、にんにくをこすりつける。

3 フライパンにオリーブオイルとにんにくを熱し、2、ローズマリー、ロリエを入れてじっくり焼いて火を通す。仕上げにレモン汁をふりかける。

クレームカラメル　作り方 p.139

「大好きなプリンには、プルーン煮、くだもの、
ホイップクリームの3点セットが絶対必要なの。
子供のころ、母が作ってくれたプリンがそうだったので……。
大きく作って、各自が好きなだけ食べるのもわが家流ね」

クレームカラメル

すくうと、底からもカラメルが……。
カラメルは強めに焦がすと、ほろ苦い大人味になります。

材料：5～6人分

卵　5個

牛乳　1½カップ

グラニュー糖　80g

A
- グラニュー糖　100g
- 水　大さじ3

B
- プルーン　乾370g
- 赤ワイン　3½カップ
- グラニュー糖　大さじ3～4
- シナモンスティック　1本

C
- いちご(中まで赤いもの)　2パック
- レモン汁　大1個分
- グラニュー糖　大さじ5～6

生クリーム　1カップ

1 牛乳にグラニュー糖を加え、温めて溶かし、あら熱をとる。

2 ボウルに卵を割りほぐし、1を加えてよく混ぜ、こし器で濾す。

3 小なべにAのグラニュー糖全量と水大さじ2を入れ、なべを揺すりながら好みの加減に焦がし、火からおろす。水大さじ1を加え（はねるので注意する)、再度火にかけてゆるめ、カラメルソースを作る。

4 耐熱容器にバター適量(分量外)を塗り、カラメルソースの半量を底に流し、かたまったら2を流し入れる。

5 バットに湯を張って4をのせ、170℃のオーブンで50分焼く。残りのカラメルソースをかける。

6 なべにBのすべての材料を入れ、30分ほど静かに煮て、そのままさます。

7 Cのいちごは半分に切り、レモン汁とグラニュー糖をまぶす。

8 生クリームは八分立てにする。

9 5を切り分け、6、7、8をたっぷりと添える。

イタリアンレストランのメニューは、フルコース揃えると、アンティパスト（前菜）プリモピアット（おもにパスタ、リゾット、ズッパなど）、セコンドピアット（肉や魚のメイン）、コントルノ（サラダ、フリット、ゆで野菜などの野菜料理）そして、ドルチェ（デザート）。ほかにチーズやヴィンサント（食後酒）もあり、ゆっくり食事をすると3時間くらいたってしまうこともざら。

各種を1つずつ、全部頼むとよほどの大食漢でないと食べきることはむつかしいので、私は自分のおなかと相談して注文することにしています。

アンティパストとプリモピアットだけにするとか、プリモをスモールポーションにしてコントルノを注文し、そしてあとでドルチェやヴィンサントを楽しむことにしています。「コントルノをメインで食べたい」といってもいっこうにかまわないのです。

ことに気のおけないトラットリアや気軽なレストランなら、メニューリストにはなくても旬の野菜料理なども気軽に作ってくれます。たいていレストランの入口に旬の野菜などがドンと置いてあるところも多いので、メニューになくても「これを生で食べたい」とか「ピンツィモーニオにして」といってみましょう。こちらが食べ物に気を抜かずに一生懸命だとわかれば、お店の人も「よし、やったげる」と快く応じてくれるものです。

南イタリアに取材旅行に行ったときのこと、毎日ごちそう攻めで胃も疲れ果てていたころ、もう1軒魚料理の取材が残っていました。しかもそこは、とびきり新鮮な素材が自慢の店です。しかしメニュー表にある料理は、こちらの胃が受けつけなさそう。

そこで魚を選んで「シンプルな澄んだスープを作ってほしい」と頼んだところ、出てきたのはまさしく日本の鯛の潮汁。それは疲れた胃にもやさしくすっとおさまり、幸せな食事でした。

イタリアには、食べることに真剣なお客の注文に、心意気で応えてくれるレストランも多いのです。

有元葉子 ｜ ありもとようこ

東京、野尻湖、イタリア・ウンブリアに家を持つ。
無類の旅好きはイタリアでも発揮され、地図を片手に愛車で各地に足を伸ばしては、旺盛な好奇心でその土地ならではのおいしいもの、イタリアの人々のゆったりと美しい暮らしぶりを吸収。
３つの家を行き来する生活と、素材の持ち味を引き出す料理家としてのオリジナリティにより、日本の四季を生かしたイタリアンレシピと、進化を続けるライフスタイルを生み出している。

アートディレクション：昭原修三　デザイン：酒井由加里（昭原デザインオフィス）　撮影：渡邉文彦　スタイリング：有元葉子
墨文字：昭原修三　校正：編集工房クレヨン　印刷所：大日本印刷株式会社

有元葉子
イタリア日和

私のイタリアン　四季が育む日々の味

2006年10月20日　初版第1刷発行

著　者　有元葉子
発行者　香川達雄
発行所　女子栄養大学出版部
〒170-8481 東京都豊島区駒込3-24-3
電　話　03-3918-5411（営業）
03-3918-5301（編集）
ホームページ　http://www.eiyo21.com
振替　00160-3-84647

ISBN4-7895-4819-8